AF382922

LA BATAILLE DE STALINGRAD

La résistance de l'Armée rouge face à la Wehrmacht

Par Jérémy Rocteur
Sous la direction de Laure Delacroix

50MINUTES.fr

LA BATAILLE DE STALINGRAD

INTRODUCTION

Véritable tournant de la Seconde Guerre mondiale, la bataille de Stalingrad instaure une nouvelle forme d'affrontement : le combat rapproché en milieu urbain.

À l'été 1942, l'objectif du leader allemand Adolf Hitler (1889-1945) sur le front Est est de s'emparer du Caucase et de son pétrole pour porter un coup fatal à l'économie soviétique. Partant de la région de Kharkov (dans l'Est de l'Ukraine), les troupes allemandes sont divisées en deux : le premier groupe d'armées se dirige vers le sud, le Caucase et ses champs pétrolifères, tandis que la VIe armée du général Friedrich Wilhelm Ernst Paulus se rend à Stalingrad, située le long de la Volga (fleuve de Russie).

Si des combats éclatent dès le 17 juillet aux alentours de la ville, l'attaque débute réellement le 23 août 1942. Par cette entreprise, Adolf Hitler souhaite couvrir au nord les troupes s'avançant dans le Caucase, couper ce nœud de communication russe et éventuellement s'en servir pour remonter vers Moscou.

De par son nom, la ville devient rapidement un symbole et le théâtre d'une lutte acharnée entre Allemands et Russes. Les combats de rue qui s'y déroulent sont d'une ampleur inédite et la bataille devient peu à peu une affaire personnelle pour le Führer qui s'obstine à poursuivre l'offensive.

Dans une ville en ruine, sous les ordres du général Vassili Ivanovitch Tchouïkov, l'Armée rouge parvient à résister puis à encercler la vie armée allemande, qui se rend en février 1943. Pour la première fois depuis le début de la guerre, les troupes allemandes sont battues et forcées de capituler.

DONNÉES-CLÉS

- **Quand ?** Du 23 août 1942 au 2 février 1943
- **Où ?** À Stalingrad (aujourd'hui Volgograd, Russie)
- **Contexte ?** La Seconde Guerre mondiale (1939-1945)
- **Belligérants ?** L'Union soviétique contre le IIIe Reich allemand
- **Acteurs principaux ?**
  - Friedrich Wilhelm Ernst Paulus, maréchal allemand (1890-1957)
  - Vassili Ivanovitch Tchouïkov, général russe (1900-1982)
- **Issue ?** Victoire russe
- **Victimes ?**
  - Camp russe : environ 500 000 morts ou disparus civils et militaires
  - Camp allemand : environ 150 000 morts ou disparus et plus de 110 000 prisonniers

CONTEXTE POLITIQUE ET SOCIAL

LES ORIGINES DU CONFLIT

La Seconde Guerre mondiale débute le 1er septembre 1939 avec l'invasion de la Pologne par l'armée allemande qui force l'Angleterre et la France, pays garants de l'indépendance polonaise, à mobiliser contre l'Allemagne. Le leader allemand affronte ces deux pays sur le front Ouest sans être attaqué sur ses arrières, grâce au pacte de non-agression qui le lie avec la principale puissance à l'est, l'URSS, qui participe à la défaite polonaise en septembre 1939.

Signé en août de la même année, le pacte appelé « Ribbentrop-Molotov », du nom des ministres des Affaires étrangères allemand et soviétique de l'époque, se fonde sur une aspiration commune à la destruction de l'État polonais. Organisant le dépeçage du pays après sa défaite, l'accord délimite également les zones d'influence allemande et soviétique en Europe orientale.

L'Angleterre et la France se trouvent, quant à elles, impuissantes face à l'attaque régie par une tactique militaire inédite : la *Blitzkrieg* ou « guerre éclair ».

Grâce à ce nouveau mode d'attaque, les entreprises de l'Allemagne remportent de nombreuses victoires durant la première année de guerre de sorte que, au printemps 1941, la plus grande partie de l'Europe se trouve sous sa domination. L'Angleterre reste le seul pays du continent à pouvoir poursuivre pleinement la lutte contre elle. N'ayant pourtant presque aucune chance d'en sortir victorieuse, elle refuse toutes les offres de paix, faisant croire au Führer que, si les Britanniques continuent à résister, c'est parce qu'ils portent tout leur espoir sur un allié européen. Le continent étant presque entièrement sous son contrôle, Adolf Hitler en déduit qu'il ne peut s'agir que de l'Union soviétique. La défaite de l'Empire britannique doit donc passer par une défaite de l'URSS, selon la logique du Führer.

À cette raison s'ajoute un facteur économique. L'Empire allemand qu'Adolf Hitler s'efforce de bâtir par sa politique de conquête et d'annexion doit être autonome en nourriture et en matières premières. Aussi, pour y parvenir, il lui faut acquérir de grands espaces, ce dont regorge l'Union soviétique. Il lui paraît donc nécessaire de l'envahir en ouvrant un nouveau front à l'Est.

L'INVASION DE L'UNION SOVIÉTIQUE

Bien plus qu'une simple attaque surprise, l'invasion allemande de l'Union soviétique constitue surtout un retournement d'alliance spectaculaire. Avant de lancer les hostilités, l'Allemagne s'assure de nouvelles coalitions secrètes négociées avec la Finlande, la Hongrie, la Roumanie et l'Italie afin d'obtenir leur soutien et, le 22 juin 1941, l'opération « Barbarossa » est lancée. Ce sont plus de cinq millions d'hommes – soit les deux tiers des forces allemandes – qui partent à l'assaut de l'État. L'attaque se veut rapide et décisive et a pour objectif de défaire l'Union soviétique en quatre mois maximum.

Cependant, en décembre 1941, après avoir pris le contrôle des pays baltes, de la Biélorussie et de la majeure partie de l'Ukraine, les troupes allemandes échouent aux portes de Moscou. Malgré les pertes effroyables subies par l'Armée rouge, les troupes soviétiques parviennent à contre-attaquer. Les Allemands sont contraints de reculer parfois jusqu'à plus de 250 kilomètres, mais ils parviennent à conserver des positions stratégiques que les Russes se contentent de contourner.

L'UNION SOVIÉTIQUE AU BORD DU GOUFFRE

L'occupation allemande de près de la moitié des territoires européens soviétiques – soit la partie la plus riche et la plus peuplée de Russie – plonge l'État dans une situation critique et entraîne de lourdes conséquences pour l'économie. Entre 1941 et 1942 :

- sa population active passe de 87 à 55 millions d'habitants ;
- sa production de grains passe de 95 à 30 millions de tonnes ;
- sa production de véhicules motorisés est divisée par trois.

L'Armée rouge, sévèrement mise à mal par l'invasion allemande, tente péniblement de se reconstruire. Toutefois, grâce au déménagement de plus de 2 000 usines désormais hors de portée des Allemands, la production peut redémarrer progressivement.

Malgré cela, Joseph Staline (1878-1953) décide d'attaquer dès le mois de mai 1942. Encore porté par le succès de la contre-offensive de décembre 1941, le leader soviétique cherche avant tout à harceler l'armée allemande pour l'empêcher de recouvrer ses forces. Une série d'attaques s'organisent alors le long du front pour consolider les succès acquis au prix de nombreuses pertes lors de l'hiver précédent. Mais ces attaques, mal préparées, entraînent vite de nouvelles défaites dans le camp soviétique, dont l'une des plus spectaculaires est la bataille de Kharkov (12 mai 1942) où plusieurs centaines de milliers de soldats russes sont fait prisonniers. Tirant les leçons de ce nouveau désastre, Joseph Staline décide d'autoriser la retraite de ses troupes et de ne plus exécuter les généraux vaincus comme il le faisait auparavant. Cette prise de conscience s'avérera bénéfique pour les combats qui se préparent dans le Caucase.

BON À SAVOIR

Quatrième centre industriel d'URSS, Kharkov est une cité de l'Est de l'Ukraine, occupée par les Allemands depuis octobre 1941. Les Soviétiques sont déterminés à la reprendre et une offensive dirigée par Semion Konstantinovitch Timochenko (maréchal soviétique, 1895-1970) est prévue au début du mois de mai 1942. Son plan est simple : il s'agit de prendre l'adversaire en tenailles avec deux groupes d'armées. Mais les forces adverses sont sous-estimées et les Soviétiques choisissent d'attaquer au point le plus fort du front allemand. L'assaut est lancé le 12 mai. Pris par surprise, les Allemands sont forcés de céder du terrain. Toutefois, remarquant que les Russes s'entassent sur les défenses de Kharkov, les généraux allemands décident de les prendre à revers et se rejoignent derrière les forces de Sermion Konstantinovitch Timochenk o. Ils parviennent alors à faire 240 000 prisonniers et détruisent 1 200 chars, faisant de la bataille de Kharkov l'un des pires désastres que l'armée russe ait subis pendant la Seconde Guerre mondiale.

Par ailleurs, le leader soviétique comprend qu'il ne peut mener la guerre sans une aide extérieure. Dès lors, l'Angleterre et les États-Unis se portent à son secours en lui fournissant dès la fin de l'année 1941 de la nourriture, du pétrole, de la poudre et des explosifs nécessaires à l'effort de guerre.

LE CONTRÔLE POUR LE PÉTROLE DU CAUCASE

Pourtant à l'apogée de sa puissance, la Wehrmacht (l'armée de terre allemande) se montre incapable de faire plier l'Union soviétique en 1941. En effet, la *Blitzkrieg* n'est pas adaptée à un territoire aussi vaste que celui de l'URSS et montre peu à peu ses limites. Disposant désormais de moyens réduits alors que le front de l'Est s'étire sur des centaines de kilomètres, les généraux allemands, sous les directives d'Adolf Hitler, décident de porter leurs efforts sur le Caucase et son pétrole.

D'une importance capitale durant la guerre, l'or noir permet aux Allemands de s'assurer la bonne marche de leurs nombreuses divisions motorisées et d'ainsi poursuivre leur avancée, tout en le rendant inaccessible aux Russes.

L'opération ainsi élaborée – qui porte le nom de « Blau » – vise par conséquent à porter un coup fatal non seulement à l'économie soviétique, mais également à l'Armée rouge, en procédant à de vastes encerclements de centaines de milliers de soldats russes. Pour ce faire, les Allemands doivent partir de la région de Kharkov et ensuite se diviser : le premier groupe d'armées a pour mission de se rendre dans le Sud, le Caucase et ses champs pétrolifères, tandis que la VIᵉ armée du général Friedrich Wilhelm Ernst Paulus se dirige vers Stalingrad, véritable pivot entre la Russie et le Caucase.

Située sur la rive occidentale de la Volga, la ville se trouve sur un axe vital pour la Russie puisque c'est là que transitent les communications entre le Nord et le sud du pays ainsi que l'aide extérieure.

Sa conquête n'est toutefois pas un objectif prioritaire de l'opération « Blau ». Pour les Allemands, il s'agit jusqu'en septembre de détruire les usines qui s'y trouvent et d'interrompre le trafic fluvial. Mais, suite à l'échec de la campagne du Caucase et à la résistance acharnée dont font preuve les troupes soviétiques, Adolf Hitler s'obstine à prendre le contrôle de la ville et refuse de transiger malgré les pertes encourues.

ACTEURS PRINCIPAUX

VASSILI IVANOVITCH TCHOUÏKOV, GÉNÉRAL RUSSE

Issu d'un milieu modeste, Vassili Ivanovitch Tchouïkov naît en 1900 dans la province russe de Toula. Il rejoint l'Armée rouge en 1918 et participe à la Seconde Guerre mondiale. Toutefois, lorsque le conflit éclate, il est envoyé en Chine pour aider l'homme d'État chinois Tchang Kaï-Chek (1887-1975) dans sa guerre contre le Japon.

Le 12 septembre 1942, le haut commandement soviétique le nomme à la tête de la 62e armée chargée de défendre la ville de Stalingrad. Bien que sa mission semble irréalisable, il commande les 20 000 hommes placés sous son commandement d'une main ferme et aménage une défense improvisée. Sa mission s'avère complexe : il doit tenir la ville en attendant l'arrivée des renforts et pour y parvenir il est prêt à sacrifier ses hommes afin de gagner du temps. Réputé pour être l'un des généraux russes les plus impitoyables, il terrorise ses commandants en leur refusant catégoriquement toute retraite et n'hésite pas à exécuter sommairement les déserteurs. Ainsi, il fait fusiller plus de 10 000 soldats durant la bataille en invoquant la trahison à la patrie.

Tout en défendant la ville, Vassili Ivanovitch Tchouïkov cherche à réduire la principale force des Allemands : leur aviation. Il connaît également quelques-uns de leurs points faibles sur lesquels il joue. Ainsi, il sait que ses adversaires détestent le combat rapproché et fera donc tout son possible pour en créer. Par ailleurs, il décide d'utiliser au maximum le principal obstacle rencontré par l'armée d'Adolf Hitler à Stalingrad : les ruines de la ville. Il attire et immobilise les troupes allemandes dans les décombres de la cité, limitant par la même occasion l'intervention de la *Luftwaffe* sur Stalingrad. En outre, il déplace toute son artillerie lourde sur la rive est de la Volga pour soutenir la défense de la ville.

Une fois les troupes de Friedrich Wilhelm Ernst Paulus dans la ville, l'objectif du général russe est de multiplier les attaques massives en se servant de positions fortifiées, au milieu desquelles les troupes allemandes s'engouffrent pour se retrouver divisées face à des chars soviétiques à moitié enterrés sous les décombres. Il révolutionne également le combat urbain, qu'il érige en véritable art, et est à l'origine de ce que les Allemands appellent la Rattenkrieg (« la guerre de rats »), mode de combat rapproché en milieu urbain qui désoriente complètement les soldats du IIIe Reich.

Malgré leur progression, les Allemands ne parviennent pas à prendre le contrôle de la ville. L'entreprise est d'autant plus complexe que Vassili Ivanovitch Tchouïkov ne cesse de déménager son quartier général. Celui-ci parvient à tenir la ville grâce aux renforts qui arrivent en permanence de l'autre rive du fleuve jusqu'au lancement de la contre-offensive russe, à la fin du mois de novembre.

Pour son audace et son ardeur pendant la bataille, il est fait héros de l'Union soviétique, la plus haute distinction sous le régime stalinien. Après cette victoire, il participe à l'attaque finale sur Berlin en avril 1945 et obtient le rang de maréchal au terme de la guerre.

Après avoir occupé le poste de ministre adjoint à la Défense, il décède en 1982 et repose au pied de la statue de la Mère-Patrie sur la colline Mamaïev à Volgograd, où se situe le mémorial de la bataille de Stalingrad.

FRIEDRICH WILHELM ERNST PAULUS, MARÉCHAL ALLEMAND

Originaire d'une famille de petits fonction-naires de la région allemande de Hesse, Friedrich Wilhelm Ernst Paulus participe à la Première Guerre mondiale (1914-1918), dont il sort avec le grade de capitaine. Il combat éga-lement durant la Seconde Guerre mondiale en prenant part à l'invasion de la Pologne en 1939 ainsi qu'à la campagne de France.

BON À SAVOIR

Après l'invasion allemande de la Belgique, des Pays-Bas et de la France en mai 1940, l'armée française se replie et installe une ligne de défense sur l'Aisne et la Somme, où se déroulera la bataille de France. Dans un rapport de force d'un contre trois, ne dis-posant d'aucun soutien aérien et manquant cruellement d'armement lourd, les Français se trouvent en mauvaise posture. Malgré tout, ils parviennent à freiner la progression des Allemands. Une nouvelle attaque est alors lancée le 9 juin en Champagne. Les forces françaises attaquées sur plusieurs fronts s'effondrent. La capitale étant menacée, le gouvernement de Paul Reynaud (1878-1966) quitte précipitamment Paris pour Bordeaux. La bataille de France est perdue.

Occupant par la suite un poste de stratège au haut commandement de l'armée allemande, il participe à la planification de l'invasion de l'URSS. Alors qu'il n'a jamais commandé un régiment ou une division, il est catapulté à la tête de la vie armée en janvier 1942 suite au décès de son prédécesseur.

Sorti victorieux de la bataille de Kharkov au mois de mai de la même année, il reçoit le 14 août la mission de prendre avec la vie armée la ville de Stalingrad où il se heurte à une résistance acharnée de l'Armée rouge.

Stratège méticuleux, le maréchal allemand se sent plus à l'aise derrière un bureau que sur le front. Il se montre dès lors complètement désarçonné face à la « guerre de rats » pratiquée par son adversaire. Respectant aveuglément la chaîne de commandement, il obéit scrupuleusement aux ordres d'Adolf Hitler et répète sans cesse les assauts sur les positions soviétiques pour satisfaire à l'obsession de son chef. C'est également sur ordre du Führer qu'il se cramponne à la ville plutôt que de tenter de se dégager de l'encerclement russe.

À la fin de janvier 1943, Adolf Hitler le nomme maréchal dans l'espoir que, grâce à la dignité du grade – le plus élevé de l'armée allemande –, celui-ci préfère se suicider au lieu d'être capturé et ainsi connaître le déshonneur. Or, bien que d'apparence froide de par ses manières et son physique rachitique, Friedrich Wilhelm Ernst Paulus est un chef soucieux du bien-être de ses soldats. Il sait que ses troupes ne peuvent continuer à se battre et que sa situation est désespérée. Par conséquent, il décide de se rendre le 31 janvier 1943, soit le lendemain de sa promotion, et est fait prisonnier.

À partir de juillet 1944, alors qu'il est toujours en détention, il sert la propagande soviétique en s'adressant fréquemment par voie radiophonique aux armées allemandes en poste sur le front de l'Est afin de les convaincre de capituler. Il est libéré quelques années après avoir témoigné à charge au procès des leaders nazis à Nuremberg (1945-1946) et décide de se retirer à Dresde, où il décède en 1957.

ANALYSE DE LA BATAILLE

LA WEHRMACHT AUX PORTES DE LA VILLE

Après s'être séparée des troupes chargées de prendre le Caucase, la vie armée de Friedrich Wilhelm Ernst Paulus arrive aux portes de la ville à la fin du mois d'août. Largement supérieure en nombre et en matériel, la confiance règne dans les rangs allemands. En effet, le général dispose d'environ 300 000 hommes et d'un redoutable soutien aérien, alors que les troupes russes postées dans la ville n'alignent que 25 000 hommes. Pour les Allemands, la prise de la ville n'est qu'une question de jours et le général estime lui-même la durée des combats à une semaine et demie.

Le 23 août, la bataille débute par un bombardement massif de la ville par la Luftwaffe dans le but de terroriser la population et de briser le moral des défenseurs. L'opération est une réussite et on dénombre pas moins de 40 000 morts parmi la population. Afin de combler les pertes encourues au sein de l'armée russe, des civils sont incorporés de force. Personne n'est épargné, pas même les adolescents et les femmes. Très vite, les centaines de bombes larguées transforment la ville en un vaste champ de ruines que les Russes utiliseront contre les Allemands.

Le 12 septembre, alors que l'armée allemande avance dans la banlieue de Stalingrad, le général Vassili Ivanovitch Tchouïkov est nommé à la tête des défenseurs de la ville. Sans canons antiaériens pour neutraliser les raids meurtriers de l'aviation allemande et ne disposant que de 20 000 hommes dont le moral est au plus bas, sa situation semble désespérée. Les défenseurs de la ville doivent toutefois tenter de tenir pour épuiser les Allemands en attendant l'arrivée des renforts. Il décide alors d'user d'une méthode révolutionnaire pour l'époque : le combat rapproché en milieu urbain.

LA RÉSISTANCE DE L'ARMÉE ROUGE

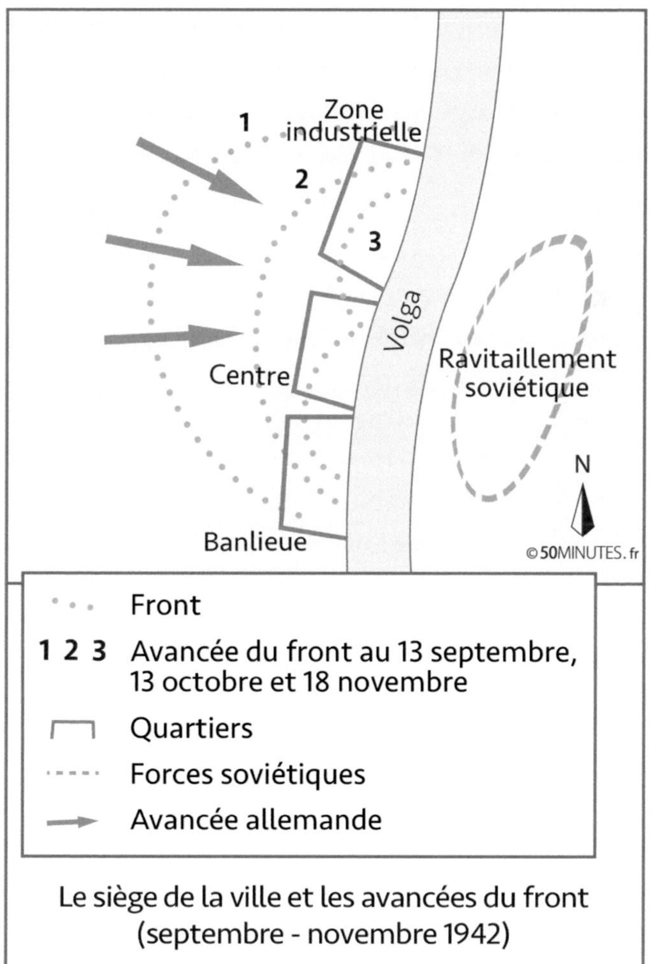

Le siège de la ville et les avancées du front
(septembre - novembre 1942)

Stalingrad étant une ville très étroite qui s'étend le long de la rive ouest de la Volga, la tactique favorite allemande qui consiste à encercler son adversaire ne peut être mise en œuvre, le fleuve étant trop large. Une seule solution subsiste : un assaut frontal massif sur la ville.

Le 13 septembre, les soldats allemands partent à l'assaut du centre de Stalingrad. Pour empêcher toute tentative de débordement par les flancs, Vassili Ivanovitch Tchouïkov prévoit tout d'abord d'accrocher solidement ses troupes aux extrémités nord et sud de la ville. Le secteur nord, constitué de quartiers industriels, est le plus facilement défendable grâce à ces gigantesques bâtiments tels que l'usine de tracteurs et l'usine métallurgique *Octobre Rouge*, qui constituent des pôles de résistance quasi imprenables. Au sud s'étend la vieille ville construite en bois, qui est déjà presque entièrement incendiée. De celle-ci, il ne reste plus qu'une forêt de cheminées en briques et quelques constructions plus solides, dont un gigantesque silo à céréales.

Le sort des défenseurs dépend essentiellement du ravitaillement, qui arrive de nuit de l'autre rive de la Volga par barges et péniches, et ce tout au long de la bataille, les Allemands étant incapables de couper la connexion. C'est ainsi qu'au cours des mois de septembre et d'octobre, 100 000 soldats russes arrivent en renfort à Stalingrad. Les communications sont toutefois coupées à l'arrivée de l'hiver, ce qui rend impossible la navigation sur le fleuve.

De leur côté, les Allemands avancent dans la ville par petits groupes de fantassins soutenus par des chars, qui se révèlent particulièrement vulnérables dans les combats de rue. Les étages supérieurs des immeubles étant hors de portée de tir, les fantassins russes profitent de cet avantage pour attaquer les points faibles de leurs adversaires : le toit et le compartiment moteur.

Par ailleurs, Vassili Ivanovitch Tchouïkov a pris soin de développer les techniques du combat urbain auprès de ses hommes en privilégiant plusieurs tactiques qui consistent à :

* chercher le combat rapproché ;
* attaquer de nuit ;
* harceler les troupes allemandes grâce aux tireurs d'élite durant la journée ;
* transformer les maisons et les usines en de véritables forteresses.

Pour ce faire, les défenseurs de la ville s'approchent en rampant sans faire de bruit au plus près des positions de l'ennemi pour le surprendre lors de l'attaque et, pendant la nuit, se déplacent par les égouts pour reprendre les positions perdues en journée. Par conséquent, lorsque les Allemands parviennent enfin à prendre un immeuble et qu'ils s'attaquent au suivant, les Russes profitent de la nuit pour reprendre leurs anciennes positions. La bataille est donc épuisante pour les deux camps, mais elle est un véritable enfer pour les soldats de Friedrich Wilhelm Ernst Paulus : cette « guerre de rats » mine le moral des assaillants. La progression de la vie armée est par conséquent très lente, car l'avancée ne se calcule plus en kilomètres, mais en mètres. Des combats ont lieu partout dans la ville. La détermination et l'audace dont font preuve les soldats russes surprennent les Allemands que l'artillerie soviétique, située sur la rive orientale de la Volga, harcèle en permanence.

Malgré la dureté de la bataille, l'Armée rouge n'abandonne pas, ce qui peut s'expliquer par plusieurs facteurs :

- la peur d'être fait prisonnier. Durant la guerre sur le front de l'Est, l'armée allemande tue plus de quatre millions de prisonniers de guerre soviétiques, le plus souvent en les affamant. Les combattants le savent et luttent donc désespérément pour ne pas tomber aux mains de l'ennemi ;
- la puissance du sentiment patriotique russe. La propagande politique opposant le communisme au fascisme est abandonnée au profit de la défense de la « mère Russie », véritable personnification de l'État qui apparaît sur toutes les affiches patriotiques ;
- l'encadrement policier et politique. Déclarée en état de siège depuis le 25 août, la loi martiale règne à Stalingrad où la répression joue un rôle important lors des affrontements. Les combattants russes sont solidement encadrés par des commissaires politiques qui répriment par l'exécution toute tentative de reddition ou de retraite ;
- la participation de la population à la défense de la ville. De nombreux ouvriers, femmes et adolescents ont pris part à la défense de Stalingrad et se battent pour défendre leur foyer ;

- la puissance de la propagande soviétique. Elle véhicule l'image du dernier fossé selon laquelle Stalingrad est la limite entre la barbarie allemande et le sol russe. Il faut donc vaincre ou voir sa patrie détruite.

Malgré leur résistance héroïque, le périmètre défendu par les Russes se réduit peu à peu. Les Allemands gagnent du terrain et parviennent à prendre le secteur sud. Toutefois, après plus d'un mois de combats acharnés, la ville, désormais détruite à plus de 90 %, n'est toujours pas tombée, ce qui ne plaît guère au Führer. Par ailleurs, le premier groupe d'armées situé au sud étant également bloqué dans son offensive pour prendre le Caucase, toute la campagne d'été 1942 dépend du succès de la bataille de Stalingrad. Au vu de l'urgence de la situation, Adolf Hitler décide de prendre seul les rênes du haut commandement de l'armée sur le front de l'Est. Alors que les effectifs de réserve ne permettent plus d'assurer la relève, il s'obstine et force la IVe armée alors à bout de souffle à continuer l'attaque.

Au début du mois de novembre, les Allemands contrôlent plus des neuf dixièmes de la ville, mais les derniers défenseurs russes refusent toujours de se rendre. La situation est d'autant plus critique que l'hiver et le froid menacent les troupes. Avec des températures en-dessous de - 20 °C, la Volga commence à charrier d'énormes blocs de glace et devient impropre à la navigation. Privés de leur principale voie d'approvisionnement, la situation des défenseurs semble perdue.

LA CONTRE-OFFENSIVE RUSSE

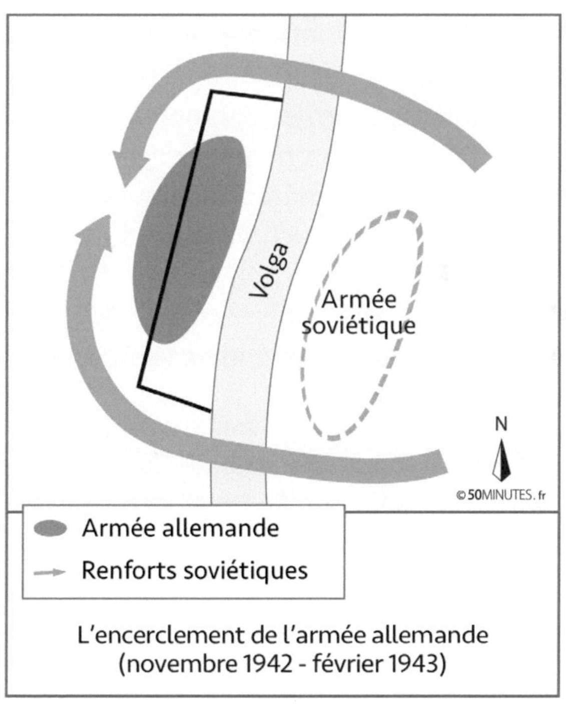

L'encerclement de l'armée allemande
(novembre 1942 - février 1943)

Dès le mois d'octobre, les troupes russes repliées depuis le début de l'opération « Blau » se préparent pour une vaste contre-offensive qui viserait l'endroit le plus vulnérable de l'armée de Friedrich Wilhelm Ernest Paulus : les flancs.

Le 19 novembre, une partie du groupe attaque et enfonce le flanc nord de la vie armée, tandis qu'une seconde offensive est lancée le 20, au sud cette fois. Le lendemain, les troupes russes réalisent leur jonction sur les arrières du général allemand, refermant ainsi le piège sur 260 000 soldats : l'armée allemande est dès lors encerclée, et l'aviation ne peut rien pour elle en raison des conditions météorologiques extrêmes. Par conséquent, Friedrich Wilhelm Ernst Paulus demande l'autorisation de retirer ses troupes et de forcer les lignes russes, mais Adolf Hitler refuse et ordonne au général de tenir.

La situation n'est pas considérée comme alarmante par le haut commandement allemand. Elle est certes jugée grave, mais la campagne de Russie a été marquée à plusieurs reprises par des encerclements de corps d'armées allemandes qui ont réussi à maintenir leurs positions grâce au ravitaillement arrivé par un pont aérien. Mais cette fois, la tactique échoue et les 500 tonnes de matériel quotidiennes nécessaires aux Allemands pour soutenir leur effort n'atteignent pas le front. Très vite, le manque de nourriture et de munitions se fait sentir.

Le 12 décembre une tentative terrestre est lancée pour dégager l'armée encerclée. Une attaque simultanée avec le général Friedrich Wilhelm Ernst Paulus pourrait libérer la vie armée de son encerclement, mais, fidèle à l'ordre du Führer de conserver la moindre parcelle de terrain acquise, il refuse de dégarnir ses lignes et ne bouge pas. Alors, devant la pression des Soviétiques, l'opération échoue et les forces de l'armée allemande ne cessent de décroître.

Les premiers jours de l'année 1943 voient la vie armée sombrer rapidement. En proie aux tirs d'artillerie permanents et aux assauts incessants des Russes qui réduisent progressivement leur poche de résistance, les soldats allemands sont victimes de la faim et du froid. Le 26 janvier, les troupes sont à nouveau divisées en deux par un nouvel assaut russe. Sachant la situation désespérée, le général allemand demande l'autorisation de capituler, mais celle-ci lui est formellement refusée. Pour éviter toute reddition de sa part et croyant le pousser au suicide, Adolf Hitler le nomme maréchal le 30 janvier. Pourtant, dès le lendemain, Friedrich Wilhelm Ernst Paulus se rend et signe la capitulation générale de son armée. Quelques jours plus tard, les derniers soldats allemands cessent le combat : la reddition est complète.

Le bilan est lourd pour les deux armées :

- dans le camp soviétique, on compte 500 000 morts ou disparus, civils et militaires ;
- dans le camp allemand, on dénombre 150 000 morts ou disparus et plus de 110 000 prisonniers.

Bien que les pertes russes soient plus élevées, la victoire est totale pour l'Armée rouge, qui est non seulement parvenue à vaincre une armée allemande, mais l'a également contrainte à se rendre.

LES ERREURS ALLEMANDES

Lors de la bataille de Stalingrad, les troupes du général Vassili Ivanovitch Tchouïkov réalisent un véritable exploit en soumettant l'une des meilleures armées allemandes. Pour parvenir à ce résultat, les Russes ont tiré profit de certaines erreurs allemandes telles que :

- l'attaque trop tardive de Stalingrad par la VIe armée. En effet, la ville aurait pu être prise dès le mois de juillet, alors qu'elle était peu défendue. Toutefois, la priorité avait été donnée aux opérations se déroulant dans le Caucase, ce qui a freiné l'avancée de Friedrich Wilhelm Ernst Paulus ;
- le manque de troupes de réserve. Une fois le combat urbain engagé, le général allemand souffre de ne pouvoir s'appuyer sur des réserves qui auraient pu relever ses troupes éreintées ;
- la mauvaise évaluation des troupes russes. Les stratèges allemands sont persuadés que les Russes utilisent leurs dernières ressources dans la défense de la ville. La contre-attaque massive de novembre les surprend donc ;
- les erreurs successives des services de renseignements allemands. Ceux-ci sont incapables de fournir des informations précises sur le potentiel et les intentions des troupes sovié-

tiques. Ces méprises entraînent à leur tour de grosses erreurs d'appréciation de la part des généraux allemands.

D'autres raisons peuvent toutefois expliquer le bilan désastreux de la bataille :

- l'impossibilité du pont aérien. Outre la météo défavorable de l'hiver 1942, la mise en place et l'organisation du pont aérien se font lentement. Les aérodromes chargés d'assurer les liaisons avec Stalingrad ne disposent pas des pistes adéquates pour supporter un trafic aérien d'une telle ampleur. Enfin, l'aviation de chasse soviétique se développe considérablement depuis l'été. L'échec du pont aérien marque donc le début du déclin de la suprématie allemande dans les airs ;
- l'obstination d'Adolf Hitler. En s'entêtant à vouloir prendre coûte que coûte Stalingrad, laissant dans cette ville en ruine le plus gros des troupes du général Friedrich Wilhelm Ernst Paulus, le Führer est le principal responsable de l'anéantissement de la VIe armée. Contrairement à Joseph Staline, il n'écoute plus ses généraux. Mais, s'il en fait une affaire personnelle et prend la tête des

opérations dans le Caucase, c'est avant tout pour une raison psychologique : son pouvoir sur le peuple allemand repose sur ses fréquentes victoires depuis le déclenchement de la Seconde Guerre mondiale. Or, depuis l'échec de l'opération « Barbarossa », de la prise du Caucase et le récent revers de l'Afrikakorps aux portes du Caire en novembre 1942, le doute s'installe parmi la population allemande. Adolf Hitler a donc besoin d'une victoire à Stalingrad.

BON À SAVOIR

L'Afrikakorps est un contingent allemand envoyé en Afrique du Nord au début de l'année 1941 pour assurer le contrôle sur le sud du bassin méditerranéen. Sous les ordres de l'audacieux général Erwin Rommel (1891-1944), ce corps d'élite remporte de nombreux succès face aux Britanniques. Le plus spectaculaire est la prise du port libyen de Tobrouk, en juin 1942, qui semble ouvrir les portes du canal de Suez aux troupes allemandes.

Elles subissent cependant une défaite décisive en novembre 1942 lors de la bataille d'El-Alamein en Égypte, où elles sont repoussées par les Anglais. Cet échec marque le début de la retraite de l'Afrika-korps et la fin de la présence allemande en Afrique du Nord.

RÉPERCUSSIONS DE LA BATAILLE

L'ÉCHEC TOTAL DE LA CAMPAGNE ALLEMANDE

Le bilan de la campagne de 1942 est catastrophique pour Adolf Hitler. Son objectif principal, qui consistait à prendre possession du Caucase et de ses champs pétrolifères, n'est pas rempli. Plus grave encore, l'une de ses plus puissantes armées est anéantie. Sur les 300 000 hommes que comptait la vie armée allemande à l'été 1942, près de 280 000 se retrouvent hors de combat après la bataille.

Bien que leurs pertes soient beaucoup plus lourdes, les Russes ont la capacité de remplacer leurs effectifs et leur armement. L'Allemagne, en guerre depuis trois ans, connaît au contraire une profonde crise et ne dispose plus de réserves sur le front de l'Est, le plus meurtrier de toute la guerre. Plus des trois quarts des combats qui surviennent durant la guerre s'y déroulent et plus de 90 % des pertes totales allemandes durant la Seconde Guerre mondiale y sont enregistrées.

La défaite de Stalingrad ne marque cependant pas la fin de la *Wehrmacht*. Les Russes poussent leur contre-offensive beaucoup trop loin et subissent de nouveaux revers au printemps 1943. Malgré la perte de la vie armée, les Allemands reviennent au mois de mars sur les positions qu'ils avaient au début de l'opération « Blau ». Durant l'été, l'armée allemande lance une ultime tentative pour reprendre l'initiative sur le front de l'Est lors de la bataille de Koursk (Russie), qui se solde par une nouvelle défaite allemande bien plus désastreuse que celle subie à Stalingrad. Les meilleures divisions de chars allemandes y sont détruites. Koursk marque ainsi la perte définitive de l'initiative allemande en Russie. Les Allemands comprennent désormais qu'une victoire totale sur l'Armée rouge n'est plus envisageable et adoptent une position défensive jusqu'à l'ultime défaire du IIIe Reich à Berlin au printemps 1945.

L'UNION SOVIÉTIQUE SAUVÉE

La victoire acquise à la bataille de Stalingrad permet véritablement de sauver l'Union soviétique, au bord de l'effondrement depuis la fin de l'année 1942. L'avenir du système stalinien se jouait en effet sur les bords de la Volga depuis le mois d'août. Ce succès écarte finalement tout risque d'écroulement de l'économie russe en protégeant le lien avec le Caucase, par où transitent :

- les fournitures britanniques ;
- l'approvisionnement en pétrole de l'Armée rouge.

Par ce succès, l'Armée rouge fait également la démonstration de sa capacité à mener des offensives de grande ampleur. Elle est enfin de taille à affronter l'armée allemande, qui demeure cependant supérieure au niveau de la qualité de ses armements.

UN TOURNANT DE LA SECONDE GUERRE MONDIALE

Des répercussions sur les alliés des deux camps

Les alliances conclues par l'Allemagne vacillent suite à cette défaite. Les Roumains et les Italiens engagés aux côtés de la *Wehrmacht* contre l'Union soviétique ont eux aussi subi de lourdes pertes lors de cette campagne. Sous la pression de l'opinion populaire mécontente, ceux-ci se recentrent donc sur leurs intérêts nationaux. Le leader italien Benito Mussolini (1883-1945) demande même l'autorisation de signer une paix séparée avec l'URSS. Les Finlandais, quant à eux, refusent désormais de participer à toute nouvelle offensive en Russie pour pouvoir positionner leurs troupes sur la défensive.

La victoire de Stalingrad a également un impact sur les alliés occidentaux de l'Union soviétique. Puisque l'Armée rouge n'est pas défaite, les Russes peuvent continuer leur combat contre près des trois quarts des forces armées allemandes. Au vu de son importance, les Britanniques et les Américains décident par la suite d'associer la Russie aux décisions importantes au sujet de la guerre en Europe. Enfin, des pays neutres tels que la Turquie se tournent peu à peu vers les Alliés. Tout s'écroule donc pour l'Allemagne nazie.

Un tournant psychologique

Bien que n'ayant plus de véritables intérêts stratégiques une fois la Volga rendue impraticable et ses usines d'armement détruites, la ville de Stalingrad devient un symbole à l'automne 1942. Dans un camp comme dans l'autre, les populations à l'instar de leurs leaders se persuadent que le sort de la guerre se joue sur les rives de la Volga. L'enjeu est en effet considérable : les Allemands ont besoin d'une victoire ; les Russes, eux, n'ont pas droit à la défaite.

En Union soviétique et dans l'Europe occupée, cette défaite allemande soulève une immense vague d'espoir. Pour la première fois, la réputation d'invincibilité de la *Wehrmacht* n'est plus. Le moral de tous les opposants au IIIe Reich, encore au plus bas quelques mois auparavant, remonte considérablement. Après avoir anéanti toute une armée ennemie, les principaux bénéficiaires de ce regain de confiance sont les soldats russes, dont la combativité et la discipline s'améliorent.

La population allemande est quant à elle surprise par l'ampleur du désastre. Confiante dans la supériorité de son armée et le génie de son leader, l'Allemagne voit son moral, jusque-là inébranlable, touché en profondeur. Pour la première fois depuis son arrivée au pouvoir, une partie de la population rend Adolf Hitler responsable du désastre. La bataille de Stalingrad marque ainsi le début de la rupture entre le peuple allemand et son leader dont la santé mentale commence à vaciller. Les Allemands prennent peu à peu conscience qu'ils ne sont pas invincibles et commencent eux-mêmes à douter de leur victoire finale.

EN RÉSUMÉ

1941

22 juin : Lancement de l'opération « Barbarossa »

Déc. : Les troupes allemandes sont arrêtées aux portes de Moscou

1942

17 juill. : Premiers combats aux alentours de Stalingrad

23 août : Bombardement massif de la ville

13 sept. : Assaut de l'infanterie allemande sur la ville

19 nov. : Contre-offensive soviétique

21 nov. : L'armée allemande est encerclée

1943

26 janv. : Permission de capituler refusée par le Führer

31 janv. : Friedrich Wilhelm Ernst Paulus capitule malgré tout

2 févr. : Fin de la bataille de Stalingrad

- Après l'échec de l'invasion de l'URSS lancée par les Allemands à l'été 1941, Adolf Hitler décide de lancer une nouvelle offensive un an plus tard, cette fois concentrée sur le Caucase et ses champs de pétrole pour porter un coup fatal à l'économie soviétique.
- Fortement affaiblie, l'Union soviétique ne semble pas capable de résister à une nouvelle attaque. Elle a en effet perdu près des deux tiers de sa production en grain et le contrôle de plus de 30 millions de ses habitants, désormais sous occupation allemande.
- Le plan allemand consiste, en partant de l'est de l'Ukraine, à lancer un groupe d'armée vers le Sud, pour prendre le Caucase, pendant que la VIe armée, sous les ordres du général Friedrich Wilhelm Ernst Paulus, se dirige vers la ville de Stalingrad.
- Ce dernier dispose d'un redoutable soutien aérien et de 300 000 soldats pour prendre la ville. Les Russes ne peuvent aligner que 25 000 hommes au début de la bataille. La victoire allemande semble dès lors assurée.
- Après un bombardement intensif de la ville, les troupes allemandes entrent dans les faubourgs de Stalingrad au début du mois de septembre.

- Sous les ordres du général Vassili Ivanovitch Tchouïkov qui met en application la tactique de la « guerre de rats », véritable art du combat rapproché en milieu urbain, l'Armée rouge parvient toutefois à ralentir considérablement la progression allemande.
- Après deux mois d'intenses combats, les Allemands ne parviennent toujours pas à éliminer les noyaux de résistance soviétiques, qui sont ravitaillés par voie fluviale de nuit et rejoints par 100 000 combattants supplémentaires.
- La contre-offensive soviétique est lancée au début du mois de novembre et permet aux Russes d'encercler le général Friedrich Wilhelm Ernst Paulus et ses troupes. Manquant rapidement de vivres et de munitions, la vie armée n'a d'autre choix que de se rendre en février 1943.
- Les pertes pour les deux camps sont effroyables, mais les Soviétiques ont forcé une des plus puissantes armées allemandes à capituler. C'est une première depuis le début de la guerre. La suprématie allemande en Europe vacille peu à peu, marquant là un tournant psychologique majeur de la Seconde Guerre mondiale.

Votre avis nous intéresse !
Laissez un commentaire sur le site de votre
librairie en ligne et partagez vos coups de cœur sur
les réseaux sociaux !

POUR ALLER PLUS LOIN

SOURCES BIBLIOGRAPHIQUES

- BEEVOR (Anthony), *Stalingrad*, Londres, Viking, 1998.

- CORRIGAN (Gordon), *The Second World War. A Military History*, Londres, Corvus, 2011.

- GORODETSKY (Gabriel), *Le grand jeu de dupes. Staline et l'invasion allemande*, Paris, Les Belles Lettres, coll. « Histoire », 2000.

- HAYWARD (Joel), *Stopped at Stalingrad. The Luftwaffe and Hitler's defeat in the East. 1942-1943*, Kansas, University Press of Kansas, 1998.

- KLEE (Ernst), « Paulus » in *Das Personenlexikon zum Dritten Reich*, Francfort-sur-le-Main, Fischer Taschenbuch Verlage, 2003.

- LOPEZ (Jean), *Stalingrad. La bataille au bord du gouffre*, Paris, Economica, coll. « Campagnes & Stratégies », 2008.

- MONTAGNON (Pierre), « Paulus » in *Dictionnaire de la Seconde Guerre mondiale*, Paris, Pygmaglion, 2008.

- MONTAGNON (Pierre), « Stalingrad » in *Dictionnaire de la Seconde Guerre mondiale*, Paris, Pygmaglion, 2008.

- MONTAGNON (Pierre), « Tchouickov » in *Dictionnaire de la Seconde Guerre mondiale*, Paris, Pygmaglion, 2008.

- HEIBER (Helmut), *Hitler parle à ses généraux*, Paris, Perrin, 2013.

- ROBERTS (Geoffrey), *Victory at Stalingrad. The Battle That Changed History*, Londres, Longman2002.

- SNYDER (Timothy), *Bloodlands. Europe Between Hitler and Stalin*, Londres, Vintage, 2011.

SOURCES COMPLÉMENTAIRES

- BASTABLE (Jonathan), *Paroles de combattants. La bataille de Stalingrad*, Bruxelles, Luc Pire, 2008.

- ERICKSON (John) et DILKS (David), *Barbarossa. The Axis and the Allies*, Edinburgh University Press, 1998.

- MONVILLE (Jean-Marc), *Stalingrad. Journal d'un soldat allemand au front russe*, Spa, Jean-Marc Monville, 2005.

- MÜLLER (Rolf-Dieter) et UBERSCHÄR (Gerd R.), *Hitler's War in the East. A critical Assessment*, Oxford, Berghan Books, 1997.

- WERTH (Nicolas), *Histoire de l'Union soviétique. De l'Empire russe à la Communauté des États indépendants (1900-1991)*, Paris, Presses universitaires de France, coll. « Quadrige Manuels », 2012.

FILMS ET DOCUMENTAIRE

- *Chiens, à vous de crever !* (*Hunde, wollt ihr ewig leben !*), film de Frank Wisbar, avec Joachim Hansen, Ernst Wilhelm Borchert et Wolfgang Preiss, Allemagne de l'Ouest, 1959.

- *Lettres de Stalingrad*, film de Gilles Katz, avec Paul Crauchet, Pierre Tabard et Patricia Saint-Georges, France, 1969.

- *La Neige chaude*, film de Gabriel Yegiazarov, avec Youri Nazarov, Boris Tokarev et Anatoli Kouznetsov, Russie, 1972.

- *Ils ont combattu pour la patrie*, film de Sergueï Bondartchouk, avec Tatiana Bojok, Gueorgui Bourkov et Vassili Choukchine, Russie, 1975.

- *Stalingrad*, film de Youri Ozerov, avec Powers Boothe, Mikhail Ulyanov et Bruno Freindlich, Russie, 1989.

- *Stalingrad*, film de Joseph Vilsmaier, avec Dominique Horwitz, Thomas Kretschmann et Jochen Nickel, Allemagne, 1993.

- *Enemy at the Gates*, film de Jean-Jacques Annaud, avec Jude Law, Rachel Weisz et Joseph Fiennes, France et États-Unis, 2001.

- *Stalingrad*, documentaire de Jörg Müellner et Sebastian Dehnhardt, 2003.

- *Stalingrad*, film de Fiodor Bondartchouk, avec Piotr Fiodorov, Dimitri Lyssenkov et Alexeï Barabash, Russie 2013.

MUSÉES ET BÂTIMENTS COMMÉMORATIFS

- La maison Pavlov à Volgograd (Russie).

- La statue de la Mère-Patrie sur la colline Mamaïev, à Volgograd (Russie).

- Le musée de la Grande Guerre patriotique, à Kiev (Ukraine).

- Le musée panorama « La Bataille de Stalingrad », à Volgograd (Russie).

ISBN ebook : 978-2-8062-5411-5
ISBN papier : 978-2-8062-5592-1
Dépôt légal : D/2014/12603/18
Photo de couverture : *Soldats allemands trainant un canon d'infanterie dans les ruines de Stalingrad*, par Herber (octobre 1942), Bundesarchiv. Domaine public.

Conception numérique : Primento,
le partenaire numérique des éditeurs